17. LA PERRIÈRE (G. de). Le Theatre des bons engins. Auquel sont contenuz cent emblemes moraulx. Composé par Guillaume de la Perrière Tholosain. *Lyon, Jean de Tournes*, 1545, in-16 de 56 ff. non chiff., figurés sur bois, cartonn. vélin, comp. de fil. dor. et fleurons.

Jolie petite édition, la première publiée à Lyon par Jean de Tournes, elle renferme 100 emblèmes. Fig.

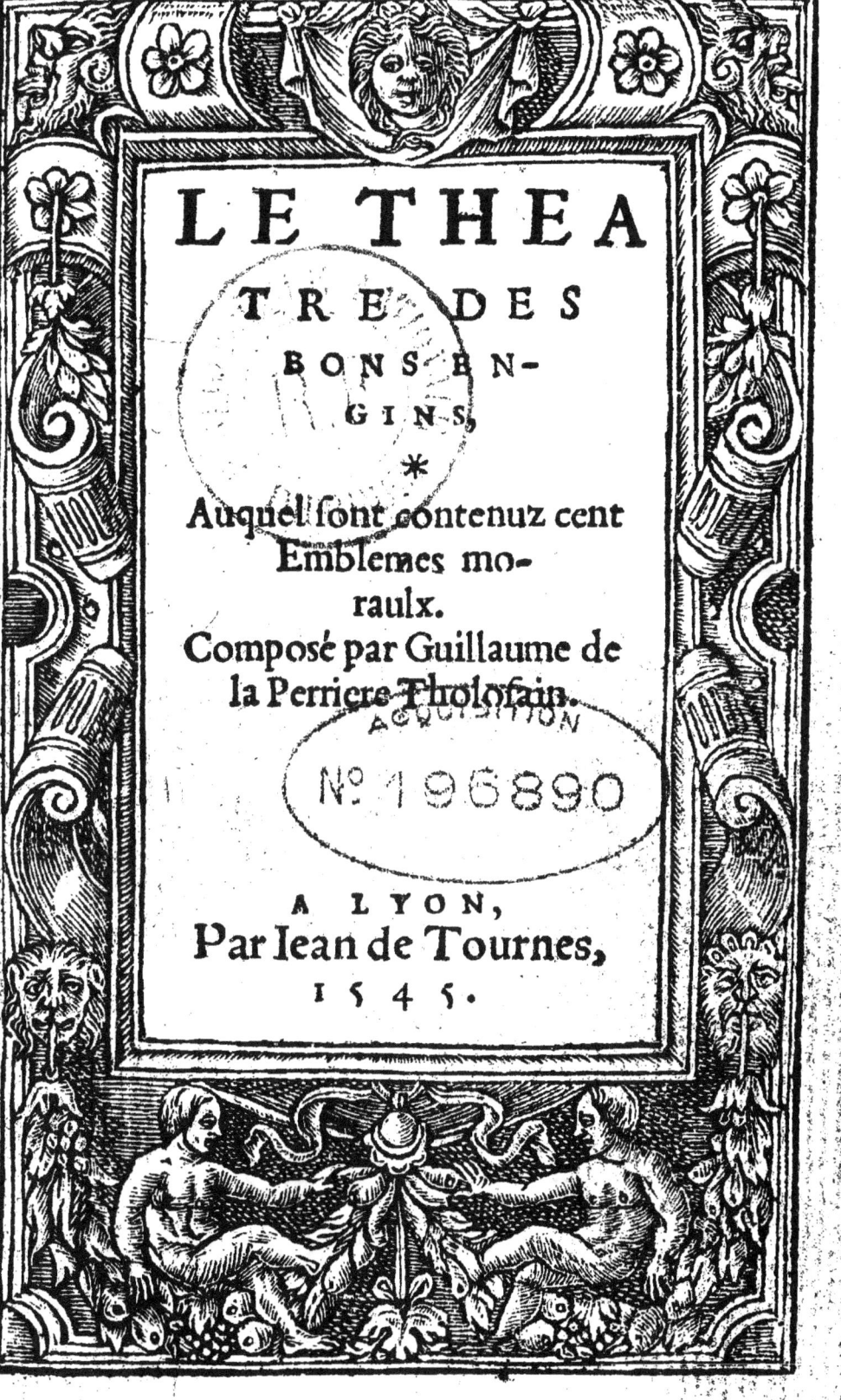

LE THEA
TRE DES
BONS EN-
GINS,

*

Auquel sont contenuz cent
Emblemes mo-
raulx.
Composé par Guillaume de
la Perriere Tholosain.

A LYON,
Par Iean de Tournes,
1 5 4 5.

A TRESHAVL-

TE ET TRESILLV-
stre Princesse, Madame Marguerite
de Frace, Royne de Nauarre, sœur
vnique du treschrestien Roy de
France, Guillaume de la Perriere
son humble seruiteur.

ADAME, Se-
necque Philosophe
Stoicque (auquel
sans aucune contro-
uerse, les doctes at-
tribuent entre les
Philosophes Latins la principauté de
morale Philosophie) dict en petites pa-
roles pleines de grande substance : que
fortune n'est iamais en repos, & dauan
tage, quelle n'est coustumiere de donner
ioye sans tristesse, doulceur sans amer-

tume, repos ſans trauail, renommee ſans enuie, & generalement aucune felicité ſans infortune, ce que i'apperçoy en moy à preſent verifié: Car d'autãt qu'elle m'a rendu ioyeux en me donnant opportunité de faire reuerence à voſtre royalle maieſté, & veoir noſtre preſente cité illuſtree de voſtre bien heureuſe venue, d'autant elle m'a rendu triſte & melancolicque de ce qu'elle ha tãt haſtee voſtre dicte venue, que n'ay eu loyſir de preparer, lymer & paracheuer cent Emblemes moraulx, accompaignez de cent dizains uniformes, declaratifz, & illuſtrez d'iceux: Leſquelz des leur inuention & commencement, ſont à vous ſeulle, treſilluſtre Princeſſe, par moy voſtre humble & petit ſeruiteur (telz qu'ilz ſont) conſacrez

sacrez, & dediez : mais pour autant
(Madame) que vostre maiesté ne me
puisse inculper, d'autant que suyuant
l'erreur des Gentilz & Ethniques, ie
attribue à Fortune ce que (comme Chre
stien escriuant à Princesse Chrestienne)
ie doy attribuer à Prouidence diuine,
I'estime que vostre dicte heureuse venue ne dependit ouc de Fortune, ains
(ainsi que font tous autres actes & negoces humains) de seule Prouidence diuine : laquelle (comme il est necessaire
de croire) faict toutes choses pour le
mieulx : Et que consequemment vostre
heureuse venue n'a esté vers moy ha-
stiue que pour le mieulx. Parquoy (tresillustre Princesse) considerant à par
moy ce que dessus, me suis enhardy de
vous presenter humblement mesdictz

Emblemes, combien qu'ilz n'ayent attainct que iusques au demy du nombre pretendu, uous priant (Madame) les vouloir (telz qu'ilz sont) receuoir selon vostre benignité accoustumee, & de tel vouloir, comme par moy vostre petit seruiteur vous sont offertz & presentez. Au surplus (Madame) ce n'est pas seulement de nostre temps que les Emblemes sont en bruict, pris & singuliere ueneration, ains c'est de toute ancienneté & presque des le commencement du Monde : Car les Egyptiens qui se reputent estre les premiers hommes du Monde, auant lusage des lettres, escriuoyent par figures & ymages tant d'hommes, bestes et oyseaux, poissons, que serpents, par icelles exprimans leurs intentions, comme recitent tres-

anc

anciens autheurs Chæremon, Orus Apollo, & leurs semblables qui ont diligemment & curieusement trauaillé à exposer & donner l'intelligence desdictes figures Hieroglyphicques, desquelles semblablement, Lucain ha faict mention en sa Pharsalie, & des modernes l'Autheur Polyphile en la description de son songe, Celien Rodigien en ses commentaires des lections antiques. Alciat ha semblablement de nostre temps redigé certains Emblemes & illustré de uers Latins. Et nous à l'imitation des auantnommez, penserons auoir bien employé & colloqué les bonnes heures à l'inuention & illustration de nosdictz presens Emblemes : & nous reputerons tresheureux si la lecture d'iceux vous peult

don

donner quelque honneste recreatiou.
Priant Dieu, Tresillustre Princesse, qu'il vueille longue-
ment conseruer uostre
saine & bonne
pensee,
en
corps sain.

PIERRE DV CEDRE
Tholoſain, à l'autheur du
preſent Li -
ure.

Comme le feu qui cõmence allumer,
Eſt vn bien peu preſſé de la fumee:
Semblablement enuie ha faict fumer
Par cy deuant ta bonne renommee:
Mais à preſent ſera bien allumee,
Par le moyen de ton diuin ouurage:
Et la lueur en brief temps eſtimee,
Par deſſus tous bons eſprits de noſtre
aage.

Pour viure en paix & tran-
quilité.

LE Dieu Ianus iadis à deux uisaiges,
Noz anciens ont pourtraict & trassé:
Pour demonstrer que l'aduis des gens saiges,
Vise au futur, aussi bien qu'au passé.
Tout temps doibt estre (en effect) compassé,
Et du passé auoir la souuenance:
Pour au futur preueoir en prouidence,
Suyuant Vertu en toute qualité.
Qui le fera uerra par euidence,
Qu'il pourra viure en grand tranquilité.

Que Vin & Femme, attrapent le plus saige.

LE Dieu Bacchus, en allant à la chasse
Trouua Venus, & la vint embrasser,
Puis la pria qu'il luy pleust de sa grace
L'accompaigner, & quand & luy chasser.
Lors d'vn accord pour mieulx le temps passer,
Tous leurs filletz allerent si bien tendre,
Qu'incontinent Minerue s'y vint prendre.
Voire si bien qu'elle n'eut onc passaige,
Pour s'enfuyr, ce que nous faict entendre,
Qne vin & femme attrapent le plus saige.

Pour te iouer cherche bille pareille.

Toy qui veulx viure au seruice des Princes
Garde toy bien de te iouer à eulx:
Car pour petit, ou pour rien que les pinces
Tu trouueras leur ieu trop dangereux:
Telz passetemps, font en fin doulourenx,
Et bien souuent grand malheur s'en reueille.
Pour te iouer, cherche bille pareille,
Par ce moyen seras hors de danger:
Qui de touzer le Lyon s'appareille,
Est en peril de se faire menger.

Fol, en plaisir s'esgare trop auant.

LA mouche au laict retourne si souuent
Qu'à la parfin elle y laisse la vie.
Fol en plaisir s'esgare si auant
Qu'à la parfin de son chemin desuie:
Car Volupté qui les humains conuie
A son festin, pour leur liurer malheur,
Pour tout guerdon, ilz n'en ont que douleur,
Larmes & pleurs font la fin de la dance;
Qui se vouldra garder de sa chaleur,
Euitera mortelle decadance.

C'est grand abus de laisser son bon heur.

Qvi prend le bond, & laisse la volee,
Ne fut iamais tenu pour bon ioueur.
Qui prend le mont, & laisse la valee,
Ne fut iamais tenu pour bon coureur.
C'est grand abuz de laisser son bon heur,
Pour vn espoir de promesse incertaine:
Car mespriser vne chose certaine
N'est pas le faict d'vn saige entendement,
Folle entreprinse & gloire trop haultaine
Font tomber l'homme en maint encôbrement.

Chascun veult faindre & colorer sa ruse.

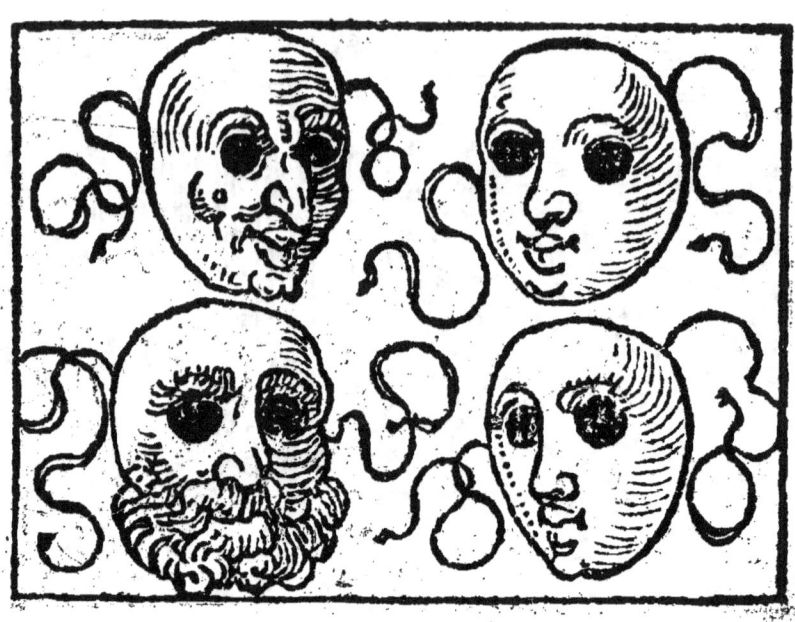

Masques seront cy apres de requeste
Autant ou plus qu'elles furent iamais.
Quand lon souloit faire banquet ou feste
Lon en vsoit par forme d'entremetz.
Cheres seront par force desormais:
Car à present n'est homme qui n'en vse.
Chascun veult faindre & colorer sa ruse.
Trahison gist soubz beau & doulx langage.
Merueille n'est si tout le monde abuse:
Car chascun tend à faulcer son visage.

Gens courroucez on ne doibt irriter.

LE feu de glaiue attiser ne conuient
Comme lon lict au dict pythagorique,
Lequel ainsi que le propos aduient
Sera reduict en sens allegorique.
Ce beau pourtraict clairement nous explique
Que gens irez ne deuons irriter,
Ains que pluſtoſt les deuons inuiter
A bonne amour, par doulceur de parolle:
Car aultrement lon les faict conciter
Et enflammer plus fort leur chaulde colle.

On ne se doibt consumer par tristesse.

Pythagoras au surplus deffendoit
A tout humain, son propre cueur manger,
Par ce propos (ce dit on) entendoit,
Que pour angoisse on ne doibt estranger
Soy de soymesme: ains soy vaincre & renger.
Ou autrement ce luy est grand simplesse,
De se vouloir consumer par tristesse
En lieu de mettre à soulas son estude:
Car chose n'est qui plus tost nous oppresse
Que uiure en soing, dueil & solicitude.

B

Le plus souuent le fol soymes-me lye.

CE mesmé autheur, dict en vn autre édroict
Que cest à l'homme vne grande folie.
Mettre en son doigt vn anneau trop estroict:
Car ce faisant trop sottement folie
Le plus souuent le fol soy mesme lye,
Et pour trouuer heur & beatitude,
Laissant franchise, il entre en seruitude,
Ce que ne faict, ne feit onc homme saige:
Ains en vsant tousiours de fortitude.
Fuit tant qu'il peult de se mettre en seruaige.

On doibt garder Iustice en toute
chose.

DIct d'aduantage vn mottet d'excellence,
Ceft, que fur tout fe doiuent les humains
Contregarder de paffer la balance,
Suyure le poix, iufte, ne plus ne moins.
Et qu'ainfi foit, les monarques Romains
Furent heureux foubz le poix de iuftice,
Mais puis que vint en leur cueur auarice,
Et contre droict furent gras & refaictz,
Difcord ciuil les meit en telle lice,
Que de leurs mains mefmes fe font deffaictz.

B. 2

Ne fais amy auant que l'ef-
prouuer.

BAiller la main ne conuient à tout homme,
Ne faire amy auant que le prouuer:
Car lon s'en peult bien repentir en fomme,
Lors que le temps n'eft de les reprouuer:
Auant qu'on vueille hôme eftrãge approuuer,
Auoir il fault confideration
Sur fon lignaige & fur fa nation,
Quelz mœurs il ha, quelle façon de viure:
Qui faict amy par folle affection,
Sans grand danger ne s'en verra deliure.

Experience corrige l'hom-
me.

POurquoy voit on vn hõme en sa ieunesse
    Estre hazardeux et chauld pl°quil ne fault,
Et l'homme d'aage affoibly par vieillesse
Est fort craintif & froid en tout assault?
La raison est, car le ieune ha deffault
D'experience, & pourtant il luy semble
Que qui le void deuant luy fault quil tremble,
Tant se confie en son sens trop hastif,
Le vieil ha veu tant de malheur ensemble,
Que par raison il doibt estre craintif.

Ignorance esleuee, & Science abbaiffee.

EN Theffalie on void communement,
Afnes refaictz & de grand corpulence,
Qui toutesfois font lourdz au mouuement,
Et n'ont en eulx que du corps l'excellence:
Ores en ha par tout en abondance:
Car maintz lourdaultz, afniers à teftes groffes,
En plufieurs lieux portent mitres & croffes:
Et les cheuaulx, helas, portent les baftz:
Puis qu'afnerie & dignité font nopces,
O' gens lettrez cherchez ailleurs esbatz.

Pour peu de cas, trebusche foy legere.

POur peu de cas trebusche foy legere,
  Et pour vn rien soudain amont se lance:
Vne plumette, vn grain de cheneuiere,
Plus poisera, contre elle à la balance.
Garder nous fault que n'ayons accointance
A gens qui sont amys selon fortune.
Vraye amytié, tousiours est opportune:
Et se congnoist en temps d'aduersité.
Les bons amys (selon la voix commune)
Ne sont congneuz qu'à la necessité.

De n'estre trop en sçauoir curieux.

PAinctre voulant estre trop curieux,
A façonner tant de fois son ymaige,
Par trop cuyder faire de bien en mieulx,
En fin pourroit bien gaster son ouurage.
Au cas pareil, l'esprit leger, volage,
Par trop cuyder blasonner & sçauoir,
Souuent se perd, & n'en peult on auoir
A l'aduenir, que bien peu d'esperance.
Il vault donc mieulx sainct Paul ramenteuoir,
Qui dit, qu'on doibt sçauoir à suffisance.

Difficile est de veoir femme sans teste.

LOn ha iadis veu monstres bien horribles:
Comme Chimere en forme espouentable,
Le Sagittaire,& Centaures terribles:
Et Geryon en trois corps admirable:
Python serpent fut craint & redoubtable:
Meduse fut en son poil trop hideuse:
Hydra difforme en Lerne dangereuse,
Et Cerberus (à veoir) horrible beste:
Mais bien seroit chose plus merueilleuse,
Qui pourroit veoir vne femme sans teste.

Vertu mesprisee des igno-rantz.

ENtre pourceaulx l'ordure & la fiente,
Plus est en pris que Baulme precieulx:
Et entre aucuns, une chose meschante,
Est exaulcee au dessus des neuf cieulx.
Vn idiot, infame, vicieux,
N'estime rien bonne literature,
Car il hayt gens scauans, de nature.
Et n'aymerien, que se veaultrer en fange.
Tant que Pourceaux aymeront la pasture,
Les gens lettrez auront temps fort estrange.

Ce qu'est requis en la femme prudente.

EN tel estat que voyez, noz ancestres,
Dame Venus iadis uoulurent paindre,
Bien congnoist on, que les souuerains maistres
En la faisant, ne se voulurent faindre,
Et pour l'effect du sens mistieque attaindre,
Par la tortue, entendre est de besoing,
Que femme honneste ne doibt pas aller loing,
Le doigt leué, qu'à parler ne s'aduance,
La clef en main, denote qn'auoir soing
Doibt sur les biens du mary, par prudence.

Du grand labeur, procede le doulx fruict.

LA Rose sort de l'espine picquante,
Combien que soit souueraine en valeur:
L'espine est apre, à douleur prouoquante.
La rose est doulce, excellente en odeur.
Cecy demonstre à tout honneste cueur,
Qu'apres labeurs, soucyz, peines, trauaulx,
Prins à l'estude, auec dix mille maulx:
Lesquelz fault prendre en bonne patience,
Pour consumer & finir telz trauaulx,
Vient le doulx fruict que lon nomme science.

Cestuy est fol qui se conduict par Fortune.

GEns aueuglez, mal cõduictz par Fortune,
Considerez qu'elle ha les yeulx bendez:
Non plus que vous, ny void Soleil ne Lune.
Ie ne scay pas comment vous l'entendez:
A quoy tient il, que ne vous debendez?
Si verrez bien comme mal vous pourmeine.
Et le pertuys ou tresbucher vous meine,
Gouffre de maulx, & de calamité:
Quand penserez auoir or, & domaine,
Lors vous verrez en grande extremité.

Contre les Hypocri-
tes.

Qvi porte espee estant oingte de miel,
Monstre qu'il est du rang des hipocrites,
Qui soubz doulceur, tiennent caché leur fiel:
En euidence vn iour seront reduictes
Leurs faulcetez, & cautelles mauldictes:
Car tel verra, qui oncques n'a eu veue,
Leur espee est bien trenchante & ague,
Qu'ilz ont voulu en ce point de miel oingdre,
Ce nonobstant, vne mouche menue,
Ne lairra point à les asprement poindre.

A qui le Prince doibt ressembler.

LE Lyon est de cueur & de stature,
Fort & puissant, noble, vaillant & preux.
Le regnard est de sa propre nature
En tous endroictz, subtil & cauteleux.
Le Prince doibt ressembler à tous deux,
Si triumpher veult par mer & par terre,
En ce faisant il peult grand bruit acquerre,
Et meriter vn honneur non pareil:
Monstrer se doibt (côme vray chef de guerre)
Lyon en force, & regnard en conseil.

Par trop cuyder & esperer l'homme est deceu.

SOuuét Pescheurs cuydét prédrevne Perche,
Qui soubz leurs retz treuuentvn Scorpion.
Tel royne & roc poᵘ prédre(en iouät)cherche,
Lequel en fin n'empoigne qu'vn pion,
Souuent on void vn foible champion,
Qui cuyde bien vn Hercules combattre:
Mais quand se vient sur le poinct de se battre,
Tant s'esbahist que tout son sens luy fault.
Tout bon esprit pour maint danger abatre,
Ne doibt iamais cuyder plus qu'il ne fault.

Vn chascun doibt moderer son estat.

PEnsez si c'est chose tresbien seante
A vn pourceau, de porter vne bague.
Pensez si c'est chose bien conuenante
A vn enfant, de porter vne dague:
A vn coquin, de mener grosse brague:
A vn lourdault, contrefaire le Sage:
A vn asnier, traicter subtil ouurage:
A vn gros bœuf, presenter des chapeaulx,
Propre doibt estre à chascun son paraige.
La bague à l'hôme, & le glãd aux pourceaulx.

Il nous conuient trauailler par raiſon.

QVãd on tiét l'arc (plus qu'il ne fault) rédu
Aux bons effors lon ne trouue inutile.
En ce pourtraict, s'il eſt bien entendu,
Du cas prendrons demonſtrance facile:
A vn chaſcun eſt choſe difficile
De trauailler, ſans prendre esbatement.
Compartir fault le temps condecemment,
Refocillant les eſperitz laſſez.
Qui ne le faict, aura finablement,
Tant corps qu'eſprit aſſoy bliz & caſſez.

Preſſer ne fault par trop ſon ennemy.

TOy qui te bas à gens forclos d'eſpoir,
Trop entreprendz perilleuſe bataille:
Car lors qu'ilz ſont en inſtant deſeſpoir
Leur corps & vie eſtiment moins que paille.
Tout bõ vainqueur, aux vaincuz chemin baille
Pour s'enfuyr, ſans les vouloir preſſer:
Garde toy donc de trop les oppreſſer:
Car s'il aduient, qu'a les meurtrir t'eſbates,
Tu les verras contre toy r'adreſſer,
Les yeulx bendez, comme les Andabates.

Nous ferons veus tous efgaulx en
la fin.

LE roy d'efchetz,pendant que le ieu dure,
Sur fes fubiectz ha grande preference:
Si lon le matte,il conuient qu'il endure
Que lon le mette au fac,fans difference.
Cecy nous faict notable demonftrance,
Qu'apres le ieu de vie tranfitoire,
Quand mort nous ha mys en fon repertoire,
Les Roys ne font plus grãdz que les vaffaulx:
Car dans le fac(comme à tous eft notoire)
Roys & Pyons en honneur fon efgaulx.

Contre Vertu Fortune n'a pouuoir.

IEu de Fortune est tant impetueux
Que les plus haultz souuent elle renuerse:
Mais l'homme Saige, en ses faictz vertueux,
N'est point subiect à sa fureur peruerse:
Car nonobstant qu'elle soit trop diuerse,
Contre Vertu n'a vigueur ne puissance.
Par la Tortue en auons remonstrance,
Qui sur son corps porte cocque si dure,
Qu'elle ne craint des mousches l'insolence:
Car pour sa cocque ont trop foyble poincture.

La fortune est ingrate aux bons espritz.

PLustost sera Fortune fauorable,
A vn dormart:à vn roger bon temps,
Qu'a vn esperit gentil & honorable,
Qui trauaillé se fera cinquante ans.
S'elle en ha faict iadis de mal contens,
En cest estat, que fera desormais,
Quand elle niet(plus que ne feit iamais)
Biens & honneurs aux filletz des dormans?
Et si ne chasse(à present)pour tout mes,
Que pour paillardz, idiotz, ou gourmans.

Grand bien n'auons, sans quelque desplaisir.

Qvi veult la rose au verd buysson saisir,
Esmerueiller ne se doibt s'il se poingt.
Grand bien n'auons, sans quelque desplaisir:
Plaisir ne vient sans douleur si apoinct.
Tout est meslé, briesuement c'est le poinct,
Qu'apres douleur, on ha plaisir souuent:
Beau temps se void, tost apres le grand vent,
Grand bien suruient apres quelque malheur.
Parquoy penser doibt tout homme sçauant,
Que volupté n'est iamais sans douleur.

Preſſer ne fault ſon amy fol-
lement.

EN danger eſt de rompre ſon eſpee,
Qui ſur l'enclume en frappe rudement.
Auſsi l'amour eſt bien toſt ſincopee
Quand ſon amy on preſſe follement.
Qui le fera, perdra ſubitement,
Ce qu'il deuroit bien cherement garder.
De tel abus, ſe fault contregarder,
Comme en ce lieu ha doctrines expreſſes.
A tel effort, ne te fault hazarder,
De perdre amy, quand ſouuent tu le preſſes.

Ne faictz effort à plus moindre que toy.

L'Aigle ha le cueur de si noble nature,
Qu'elle ne veult côtre mousches côtédre,
Bien les pourroit mettre à desconfiture:
Mais ce faisant, honneur n'en peult pretendre.
Tout bon esprit en cecy peult comprendre,
Que contre gens de cueur pusillanimes,
Ne font effors les hommes magnanimes:
Mais aux pareilz taschent liurer la guerre.
D'auoir vaincu gens de tous poincts infimes,
Lon n'en pourroit que deshonneur acquerre.

N'entreprendz rien contre plus fort que toy.

Qvi d'vn rasouer la roche cuyde fendre,
N'auance rien, fors que perdre son têps:
Et le filet du rasouer fin & tendre:
Gaste du tout en maigre passetemps.
Sur ce notons, que noyses, ou contendz
Ne fault auoir, à gens plus fors que nous.
Le rasouer a le taillant mol & doulx,
La roche est dure, & forte à l'aduantage.
Contre plus fors (comme sçauent bien tous)
Lon prend debat, à son tresgrand dommage.

Pour tout sçauoir il ne se fault tuer.

LE Rossignol de nature ha la grace,
Que tous oyseaux surmôte en harmonie:
Tant se parforce à chanter qu'il trespasse,
Pour ne vouloir que sa voix soit honnie.
Maintz bons espritz ont telle felonnie,
Par le desir d'estre souuerains maistres,
Tant sont apres les Proses & les Metres,
Et de sçauoir ont si feruente enuie:
Que par vouloir trop se fonder aux lettres,
Finablement ilz y perdent la vie.

Difficile eſt delaiſſer vo-
lupté.

EN volupté facilement on entre:
Mais on en ſort à grand' difficulté.
Par trop vouloir obeir à ſon ventre,
L'on en eſt pire en toute faculté.
Ce beau propos auons pour reſulté,
Du Labyrinthe auquel facilement
L'on peult entrer:mais ſi parfondement
On eſt dedans,l'yſſue eſt difficile.
En vain plaiſir auſsi ſemblablement
L'on entre toſt:mais ſortir n'eſt facile.

Impoſsible eſt de changer vieil abus.

Qvi cuyde abatre abuz inueteré,
Eſt bié fruſtré de tout ce qu'il pourchaſſe
Car ſi ſouuent il eſt reiteré,
Que l'on n'a rien a ſuyure telle chaſſe.
Fort faſcheùſe eſt, & bien ſotte l'audace,
De ceulx qui ont ce lourd entendement,
De prendre eux retz les ventz aucunement:
Car tout ainſi, que cela n'eſt poſsible,
Vn vieulx abus changer ſemblablement,
Sans grand ennuy, on repute impoſsible.

A quelle fin font trouuez les miroirs.

LOrs que la Dame au miroir fe regarde,
Et qu'elle void la beaulté de fa face,
Fault que de vice en tant fe contregarde,
Que deshonneur à fa beaulté ne face:
Si belle n'eft, pour lors, fault qu'elle efface
Par fes vertus, le deffault de nature:
Beaulté de corps tourne à defconfiture,
S'elle fe plonge en plaifirs reprouuez.
Icy noter peult toute creature,
Que les miroirs à ces fins font trouuez.

Resiouys toy en toute aduersité.

L'Oyseau captif, & mys dedans la caige,
Ne laisse pas, pour sa captiuité,
De iargonner en son beau chant ramaige,
Soy consolant sur toute aduersité.
Par cest exemple, estre doibt incité
Tout triste cueur, à prendre esiouyssance:
Car à vn mal, tristesse & doleance,
Ne peult donner remede ne secours,
Et si par dueil iamais rien on auance,
Fors que le terme, & la fin de ses iours.

Le bon Souldart vient de bon Cap-
pitaine.

SI le Lyon conduict vne bataille,
Posé qu'il n'ayt auec luy, que des Cerfz:
Et d'aultre part vient vn Cerf qui l'assaille,
Accompaigné de Lyons bien expers:
Le seul Lyon rendra les aultres serfz,
D'autant qu'vn Cerf porte leur estendart:
Car gens hardiz, ayans vn chef couard,
En combatant, n'auront iamais estime,
Et gens craintifz se mettront en hazard,
S'ilz sont conduictz par vn chef magnanime.

Officiers larrons, fault mettre en roue.

LE grand Larron tasche d'auoir office,
A celle fin, que grandz & petis ronge:
Tandis qu'il prend soubz couleur de Iustice
De le punir, le Prince pense & songe:
Puis tout soubdain, vient à serrer l'esponge
En luy ostant le bien qu'il a pillé.
Le Larron est du païs exilé,
Decapité, ou, peult estre, pendu,
Trop peu seroit, qu'il fut essorillé:
Car sur la roue il doibt estre estendu.

D

Le mocqueur doibt endurer mocquerie.

SI tu te metz à iouer à la paulme,
En te voulant pour passe temps esbatre:
Ne pense pas que ton compaignon choume:
Car de sa part l'estœuf vouldra rabatre.
Penser aussi doibt tout homme folastre,
Que si par ieu quelque broquard prononce,
Par ieu reçoit la semblable response,
Ne pour cela se doibt fort trauailler:
Car en bon poix on vend once pour once,
Pire ieu n'est que mocquer, ou railler.

Simplicité l'on repute pour vice.

SImplicité, selon le temps qui court,
S.Eſt des meſchantz reputee pour vice,
Et meſmement entre flateurs de Court,
Qui ſont plongez au gouffre de malice.
Vn homme ſimple eſt reputé pour nice.
Qui ne veult eſtre aniourdhuy cauilleux,
Sera tenu, pauure, meſchant, pouilleux:
Pour ſe veſtir n'aura ne draps ne linges.
Qui ſuyt la Court en ce temps perilleux,
Il ſera l'aſne, eſtant parmy les Cinges.

D 2

Par vn moyen qui fault, en cherche vn autre.

VErtu de bras faict uoguer la Galee,
  Malgré des ventz, ses forces & renfors.
Ce que nous faict demonstrance assez claire,
De ceulx qui ont les courages peu fors,
Si d'aduenture on n'est par ses effors,
Du premier coup paruenu ou lon tend,
Sans desespoir oste ce qu'on pretend,
Par aultre endroit il fault qu'on y pouruoye:
Car qui ne peult venir ou il s'attend,
Par vn costé, si cherche vne aultre voye.

Guerre & debat temps propice aux meschants.

COmmunemét lon ne prend les anguilles,
Que parauant n'ayt esté l'eaue troublee.
Semblablement en querelles Ciuiles,
Les fins Larrons se font riches d'emblee:
Lors que par bruyt se faict mainte assemblee,
Pour meschans gens le temps est plus propice:
Sedition estiment sacrifice,
Au monde n'est chose qui plus leur plaise.
En temps de paix, de concorde & Iustice,
L'homme meschant ne faict pas à son ayse.

D 3

En tous endroictz flatteurs sont dangereux.

FLatteurs de court, font par leur beau deuis,
Pis mille foys, que ne font les Corbeaux:
Car le Flatteur deuore les corps vifz,
Contrefaisaut propos mignons & beaulx:
Mais le Corbeau ne cherche les morceaulx,
Que sur corps mortz, ou puante charongne.
Le faulx Flatteur tousiours le vif empoigne,
Pour à la fin le rendre pouure & mince.
De tel babil, & de si faincte troigne,
Se doibt garder le bon & saige Prince.

L'homme sçauant pouure est, l'igno-rant riche.

Qvi l'os à l'asne,& au chien dõne paille,
Mõstre ql n'est poᶜueu de grãd'sagesse:
Car ce qu'il fault à l'un à l'autre baille,
En declarant sa folie & simplesse.
Au temps present voyons telle rudesse:
Car gens sçauants, viuent en indigence:
Les ignorantz ont honneur & cheuance,
Ce que deburoit estre tout le contraire.
Plus que iamais(c'est vne grand'meschance)
A pouureté doctrine est tributaire.

Chastier fault les Enfans eu ieune aage.

SI fort le Singe embraſſe ſes petitz,
  Qu'en embraſſant il leur liure la mort.
Maintz peres ont ſi treſſotz appetitz
A leurs enfants, que grand malheur en ſort:
Par les cherir de fole amour trop fort,
Diſſimulant ſouffrent leur inſolence,
Et quand ilz ſont ſortiz d'aage d'enfance,
Et venuz grandz, ilz ſont incorrigibles:
Lors n'eſt pas temps que lon leur crye & tence,
Quand ilz ſont cheutz en accidentz terribles.

Difficile est de changer sa nature.

BAcchus voulant Hercules contrefaire,
Se reuestit de la peau d'vn Lyon,
Mais il ne sceut si bonne troigne faire,
Que de brocardz il n'eust vn million.
Il ne fault point, selon l'opinion
Des Anciens, son naturel deffaire:
Le Fol peult bien du Sage contrefaire:
Mais qu'au parler ne se monstre estre sot:
Le Foyble aussi peult bien du Vaillant faire,
Et triumpher, mais qu'on ne luy dye mot.

D 5

Le Pouure on hayt, le Riche est soubstenu.

L'Araigne ha belle & propre inuention,
Quãd sur sa toile elle attrape les mouches:
Mais elle est foyble, & n'a protection,
Pour resister aux grosses & farouches.
Au téps qui court, gros ne craiguét les touches,
La Loy n'a lieu, que sur pouure indigence,
Les Riches ont de mal faire licence,
Pouureté n'a iamais le vent à voyle.
Qu'ainsi ne soit: on void par euidence,
Que grosse Moutche abbat legiere toyle.

N'incite point le mauuais à mal faire.

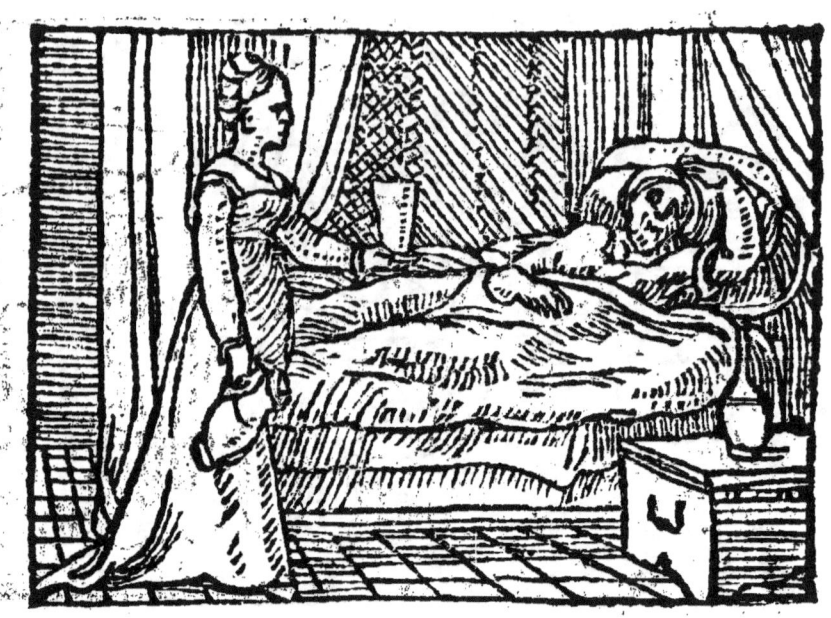

Qvi donne vin à vn febricitant,
  Il ne le faict qu'eschauffer d'auantage:
Le vin est chauld, & la fiebure excitant,
Au patient il porte grand dommage.
Semblablement le Prince n'est pas Sage,
Qui donne aux folz, dignitez & offices:
Car par ce don augmentent leurs malices,
Et tant plus sont en haulte dignité,
Plus ont pouuoir de faire malefices,
Au detriment de la communité.

Le Pelerin en vieilleſſe s'ar-
reſte.

LE Pelerin laiſſe ſes filz & filles,
Femme & parentz, pour le Pelerinage,
Affin de vendre au peuple ſes coquilles,
En luy monſtrant, enſeigne & teſmognage,
Qu'il auroit faict aucun loingtain voyage,
Cuydant qu'vn bien il ne ſçauroit acquerre,
Plus grand qu'auoir couru par mer & terre:
Mais ſon courir n'a pas touſiours tenue.
Bourdon volant, ſe doibt tenir en ſerre,
Et ſur la fin, faire pas de tortue.

Ostons de nous cela qui nous deçoit.

A Grand regret, & piteux desconfort,
L'aigle se plainct comme mal fortunee,
Quand d'vne flesche on l'a frappee à mort,
Laquelle fut, de sa plume empennee.
La personne est bien de malheure nee,
Qui de son mal donne l'occasion,
Et qui cause est de sa destruction:
Car d'vn seul coup, double douleur reçoit.
Auoir fault donc ceste discretion,
D'oster de nous, cela qui nous deçoit.

Princes meschans, promptement sont congneuz.

PEtite tache,ou macule en la face,
On void plus toft,que grāde fur le corps.
Le vifage eft ouuert en toute place,
Le corps caché n'eft veu que par dehors.
Par cefte Embleme eftre pouuons recordz,
Qu'vn petit vice on note plus au Prince,
Que lon ne faiƈt,vn grand en homme mince.
En bas eftat,vices font incongneuz.
Roys & Seigneurs,en tout regne,ou Prouince,
S'ilz font meschās,font promptemét cōgneuz.

Le Prince doibt euiter les flat-
teurs.

Q Vand l'Oyseleur veult beaucoup d'oy-
    seaux prendre,
Il fainct sa voix auec quelque instrument,
Au son duquel vers luy se viennent rendre:
Par ce moyen les prend facilement.
Flatteurs de Court, font tout semblablement,
Pour attirer les Princes en leurs laqs:
Car pour complaire, & leur donner soulas,
Cent foys le iour changent de contenance:
Mais quand le Prince, est contrainct dire helas,
Il est trop tard, d'en auoir cognoissance.

Force n'a lieu, ou Prudence do-
mine.

A Vn cheual, foubdain & tout d'vn coup,
Qui veult le poil de la queue arracher,
Eft temeraire, & n'aduance beaucoup,
Ne paruenant à ce qu'il veult tafcher.
A l'homme fol on faict fon frein mafcher,
Et ne paruient à fon intention.
L'homme prudent en moderation,
Ce qu'il pretend, faict fuccefsiuement,
A l'homme fol precipitation,
Donne trauail, & peu d'aduancement.

Par trop manger, plus meurent, que par glaiue.

Qvand le Corbeau degloutit le Serpent,
Au gouſt luy ſéble vn ſuccre, ou venaiſõ:
Mais puis apres grandement s'en repent:
Car le bon gouſt, toſt ſe tourne en poyſon.
Il fault manger & boyre par raiſon,
Et ſoy garder de ſuffocquer nature:
Car cil qui boyt & mange ſans meſure,
Va de ſa fin touſiours en approchant:
La Gueule faict plus de deſconfiture,
Que ne faict Mars de ſon glaiue trenchant.

E

L'homme eſt ioyeux, puis ſoubdain deuient triſte.

Iſoit iadis le bon poëte Homere,
Que Iuppiter biens & maulx compéſoit
Eſgallement, & la liqueur amere,
Auec la doulce, enſemble diſpenſoit:
Par ces propos, & tres beaulx dictz penſoit,
Grande douleur ne ſe pouuoir choyſir,
Qu'elle ne fuſt auec quelque plaiſir,
Ne grand plaiſir, ſans quelque faſcherie.
L'homme n'a pas tout ſelon ſon deſir:
Par foys gemit, & par foys fault qu'il rie.

L'espoir qu'est vain, met l'homme en servitude.

HOmme qui ha pour viure à l'aduantage,
Et fuyt la Court pour gloire & vanité,
Semble au Lyon, qui se rend en seruage,
Qui d'vn filet est en captiuité:
Pour peu de cas est en perplexité,
Ou il pourroit en liberté se mettre,
Il ayme mieulx estre Valet, que Maistre:
Combien qu'il peult tost rompre le filet.
En liberté nature le feit naistre:
Mais vain espoir, l'arreste au lieu qu'il est.

I 2

Soys diligent au faict de ton mesnage.

IL n'est pas temps de iouer aux Eschez:
Lors que le feu te brusle ta maison.
Et quand noz cueurs de douleur sont tachez,
Musicque & ieux ne sont pas de saison.
Si nous auons negoces à foyson,
Fault qu'aux plus grãdz venõs à droicte luyte:
Il n'est pas temps d'en faire la poursuyte,
Quand est trop tard, par effectz euidens,
Raison nous ha donné sens & conduicte,
Pour obuier aux futurs accidens.

Vn homme hardy point ne craint les menasses.

Qui d'vne Masque entreprend faire peur
Au fier Lyon, bien petit il aduance:
Car le Lyon ha, si hault & gros cueur,
Qu'a l'estonner, fault bien autre puissance.
Semblablement aucuns par insolence,
Pensent les gens estonner de parolle:
Mais tout soubdain est acheué leur rolle:
Car leurs effectz, ne consonnent aux dictz.
Vaine Iactance, & Menace friuole,
N'esbahyront iamais les cueurs hardiz.

Le mal viuant n'est iamais asseuré.

L'Hôme coulpable, ou bien noté de crime,
Se void pareil au Lieure en tous propos:
Car il aura le cueur pusillanime,
Et ne pourra dormir de bon repos,
Tousiours craindra, que viennent les suppostz,
Pour le liurer aux mains de la Iustice.
L'homme innocent, pur, & net de tout vice,
Ne crainct l'assault des malings & peruers.
Le Lieure monstre à gens de malefice,
Qu'il leur conuient dormir les yeulx ouuertz.

Amour contrainct toutes gens estre braues.

AMour apprend les Asnes à dancer,
Et les Lourdaux faict deuenir Muguetz:
Pigner les faict, farder, & agencer,
Par le moyen de ses subtilz aguetz.
Aux endormiz, il faict faire les guetz.
Rusticité transmue en Gentillesse:
Car sans cela, que de son traict les blesse,
Leur vilanie il conuertit en grace.
Cymon iadis en receut telle adresse,
Comme lon lit aux escriptz de Boccace.

Ne refusons Fortune, quand à nous
se presente.

Ve best le nom de la presente ymage?
Occasion, se nomme pour certain.
Qui fut l'Autheur? Lysipus feit l'ouurage:
Et que tient elle? vn rasoir en sa main.
Pourquoy? pourtät que tout tranche soubdain.
Elle ha cheueulx deuant, & non derriere?
C'est pour moustrer qu'elle tourne en arriere,
S'on fault le coup, quand on la doibt tenir:
Aux talons ha des æsles? car barriere
(Quelle que soit) ne la peult retenir.

Le corps bien faict ne rend pas l'homme Sage.

SVr gresle corps, la teste de Geant
Ne conuient pas, & soubz grande stature,
Vn petit Chef, y seroit mal seant.
Proportion faict belle la nature.
Tenir ne fault sotte la creature,
Pourtant s'elle ha petite & ronde teste.
Ne fault tenir l'homme pour grosse beste,
Pourtant s'il ha le chef gros comme vn Veau:
Mais qu'il y ayt proportion au reste,
Le trop gros chef, ne faict pas le cerueau.

E 5

Vne beaulté ne vault rien sans bonté.

LE Cypres est, arbre fort delectable,
Droict, bel, & hault, & plaisant en verdure:
Mais quant au fruict, il est peu proffitable,
Car rien ne vault pour donner nourriture.
Beaucoup de gens, font de telle nature:
Qu'ilz portent tiltre, & nom de grand' sciéce:
Mais s'il aduient d'en faire experience,
Lon ne cognoist en eulx, que le seul bruict.
C'est grand' folie en arbre auoir fiance,
Dont lon ne peult cueillir quelque bon fruict.

L'argent content faict playder Aduocatz.

PRacticiens ont les mains pleines d'yeulx,
Et voyét cler, quãd on leur faict largeſſe,
Oreilles n'ont: car ſont ſi vitieux,
Que ſe fier ne veulent en promeſſe.
Qui vouldra donc euiter leur oppreſſe,
Conuient qu'aux dons il ayt tous ſes refuges.
Quand on leur dõne, ilz font par ſubterfuges,
Du droict le tort, tant de raiſon foruoyent.
Au temps preſent maintz Aduocatz & Iuges,
N'eſcoutent rien, mais prénent ce qu'ilz voyét.

A cueur Constant, chose n'est qui puist nuyre.

L'Hôme constãt est semblable à l'enclume,
Qui des marteaux, ne crainct la violence,
Cueur vertueux est de telle coustume,
Que de malheur ne doubte l'insolence:
Ne crainct fureur, yre, maleuolence,
Contre tous maulx est prompt à resister,
Pour quelque effort, ne se veult desister,
De paruenir en honneur & prouesse.
Constance faict le Sage persister
En son entier, & conquester Noblesse.

Les ieunes Gens n'ont ſoing de l'ad-
uenir.

IEuneſſe eſtant ſur vne boule ronde,
Ne penſe ailleurs, fors qu'a paſſer le temps:
Son ſiege rond, muable comme l'onde,
Monſtre qu'elle ha ſes vouloirs inconſtantz.
Les ieunes gens ne ſont gueres contentz
De trauailler, ſinon à leurs deſirs:
Leurs voluptez tournent à deſplaiſirs,
Perte de temps, trop grande s'en enſuyt,
Ieuneſſe taſche à tous mondains plaiſirs,
Sans aduiſer, que Vieille la ſuyt.

L'ignorant hayt Eloquence & Sçauoir.

MAint bõ autheur, Grec & Latin declaire,
Que le Chameau ne boyt aucunement,
Quelque eaue q̃ soit, s'il la void nette & claire,
Ains de son pied la trouble expressement.
De nostre temps, plusieurs semblablement,
Vrays heritiers de la vieille Asnerie,
Ayment plustost la rude Barbarie,
Du temps des Gotz, que la doulce eloquence,
Et sont plongez en telle resuerie,
Qu'estre eloquent, reputent à meschance.

Defir d'auoir, faict viure en grand trauail.

COmment peulx tu nager bien à ton aife,
Charge de faix quãd nud te conuiét eftre?
Trouueras tu iamais homme, qui s'ayfe
A fon plaifir, fi de fon corps n'eft maiftre?
Si vain efpoir te lye en fon cheueftre:
Te rendant ferf pour honneur terrien,
Qu'eft ce apres tout, de ton faict? moins q̃ rien:
Car attendant, quelque bien tranfitoire,
Suyuant la Court, feras plus ferf qu'vn chien,
Et fi verras ton efpoir fruftratoire.

Au monde n'est rien plus cher, que le temps:

ADuise bien que le Temps ne t'eschappe:
Il ha bonne æsle, & vole agilement.
L'homme rusé subitement l'attrappe,
Et ne le laisse eschapper sottement:
Donc employer le fault honnestement:
Car s'il s'enfuyt, l'attaindre est impossible,
Et pense aussi, qu'il ne t'est pas loysible,
Le consumer en faisant grosse cheré:
Si tu le perdz, ne te sera possible
De recouurer vne chose si chere.

Auec le temps toute chose est
cogneue.

LA poyre verte aux raidz du chauld Soleil,
Change de gouft, & prend bonne faueur.
Semblablement, le ieune fans confeil,
Auec le temps amende fa fureur.
Le Temps corrige, & change toute erreur.
Le Temps eft chef des bons apprentiffages:
Ceulx qui font Sotz, il faict deuenir Sages,
Et leurs raifons trouuer belles & bonnes.
Si le Soleil faict meurir les fruictages,
Auffi les ans meuriffent les perfonnes.

F

Traistre & Flatteur disent l'vn &
font l'autre.

FLateurs de court tiénét la paste aux mains,
A tous venantz feront des seruiables:
Iusques à tant,que par tours inhumains,
Auront saoulez leurs cueurs insatiables,
Pour se monstrer enuers tous amyables,
Ont grand babil,auecques peu d'effect:
Merueille n'est,si leur cueur contrefaict,
Ha maintes gens reculez en arriere:
Car tousiours ont,par leur vouloir infect,
Langue deuant,& le cueur en arriere.

Par vn secret leger, efprouue l'eftran-
ger.

POur effayer fi le pot eft fendu,
Nous y verfons de l'eaue à l'aduenture,
Non pas du vin, car il feroit perdu,
Si le vaiffeau auoit quelque fracture.
Cecy nous donne expreffe coniecture,
Que fi voulons prouuer vn eftranger:
Nous luy dirons, quelque fecret leger,
Lors cognoiftrons, s'il eft fobre en langage:
D'vn grand fecret, ferions trop en danger,
S'il aduenoit, qu'en parler fuft volage.

Nous nous debuons chaſtier par aultruy.

SI les Lyons, que lon pend en Affricque,
Fôt grãd' frayeur, & peur à leurs séblables.
N'aura pas peur vn gros larron publicque,
Ou Threſorier, de ſes faictz execrables?
Maintz en ſont mortz au gibet, miſerables,
Et les plus grandz ont commencé la dance:
Gardent ſoy donc pour peur de la cadance,
Leurs ſucceſſeurs, d'eſtre côme eulx meſchantz:
Car aultrement hault en pleine euidence,
Seront logez, comme eueſques des champs.

De Ieu, Misere, & Poureté pro-
cedent.

Qvand l'homme fol à iouer se hazarde,
Pas il ne pense au mal, qu'en peult venir:
Main liberale au ieu, qui n'y prend garde,
En poureté faict l'homme deuenir:
Lyer la fault, pour mieulx la retenir,
Et conseruer le bien en bons vsages:
Le ieu met l'homme en perilleux nauffrages,
Et bien souuent en mortel desespoir.
Les grandz meschefz & dangereux passages,
Que lon en void, nous seruent de miroir.

Qui suyt Amour en fin aura disette.

QVi plus mettra dans le crible d'Amours,
Plus y perdra, car chose n'y profite:
Le Temps s'y perd, biens, bagues, & atours,
Sa douleur est, en tout amer conficte.
Folle Ieunesse, & franc Vouloir incite,
A tel desduict, despendre grosses sommes.
Sur ce penser doibuent bien ieunes Hommes,
Que de ce faict, meilleurs n'en peuuent estre,
Et quand n'auront le vaillant de deux pômes,
Ne sera temps, leur erreur recognoistre.

Impossible est, rendre femmes contentes.

FEmmes & Nefz, ne sont iamais complies,
C'est vne chose, ou lon doibt bien penser,
Quand on les cuyde auoir du tout remplies,
C'est lors le temps, qu'il fault recommencer.
Vous les pourriez, cent foys mieulx agencer,
Qu'a la parfin, vous serez à refaire:
C'est grosse charge, & trop peneux affaire,
Voyre plus grand encores qu'on n'estime,
Heureux seroit, qui s'en pourroit deffaire,
Ou se garder d'entrer en tel abysme.

Mille dangers procedent d'Amour folle.

POur folle Amour, les suppostz de Venus,
Ont des dangers à milliers, & à centz;
Les vns en font malheureux deuenus,
Aultres en ont, du tout perdu le sens.
Plusieurs Autheurs en termes condecens,
De ce ont escript exemples d'importance.
Gardons nous donc, de sa folle accointance,
Si ne voulons endurer grandz alarmes:
Car à la fin, soubz feu de repentance,
Voyez Amour distiller eaue de larmes.

Le fruict d'Amours grandement se varie.

LE fruict d'Amours est dur, mol, sec & verd,
Leger, pesãt, doulx, amer, froid & chauld,
Secret, commun, affable, descouuert,
Triste, ioyeux, cler, obscur, bas & hault,
L'vn iour present, lendemain en deffault,
Plein de rigueur, abbreué de mercy,
Rude, amyable, en esbat, & foucy:
Source d'aduerse, & de bonne fortune,
Maigre & reffait, gresle, gros, gay, transi,
Droict & tortu, constant comme la Lune.

F 5

Le Dieu d'Amour, angoiſſe ſur tous ente.

CVpido ſçait Enter iuſques au bout,
Et ſe delecte en faict de Iardinage:
Et que plus eſt, ſon Ente prend ſur tout:
Dont eſt produict diuers fruict & ſauuage.
Touſiours trauaille, & pourſuyt ſon ouurage,
Sur tous Vergers il obtient la regence,
Il n'eſt iamais noté de negligence:
Ne laſcheté, au moins qu'on le cognoiſſe.
Il eſt expert, & plein de Diligence:
Mais en tout arbre ente poyre d'angoiſſe.

Ingratitude on doibt fuyr grandement.

L'Arbre souftient le Lierre en ieuneffe,
Et l'entretient toufiours par fon fupport:
Mais le Lierre eftant creu, l'arbre preffe,
Et fi l'eftrainct par liayfons fi fort,
Qu'en peu de temps la rendu fec & mort.
Vn homme ingrat toufiours aufsi meffaict,
A celuy là, qui du bien luy ha faict.
Ingratitude eft ainfi fans raifon,
Le Lyonneau en fin celuy deffaict,
Qui le nourrit, & tient en fa maifon.

C'eſt grand' Vertu de cognoiſtre ſoymeſme.

AV temps paſſé le peuple de Phœnice,
Feit esleuer vne telle figure,
En vne place eminente & propice,
Pour apparoiſtre à toute creature:
Signifiant par icelle painƈture,
Que prudent eſt, qui ſoy meſme ſe picque.
Par le Serpent faiƈt en forme ſphericque,
Nous en auons expreſſe demonſtrance:
Au monde n'eſt plus ſeure Theoricque,
Que de ſoymeſme auoir la cognoiſſance.

*Tel cuyde vaincre, qui en fin est
vaincu.*

L'Autour pretend de Perdrix faire proye,
Et bien souuent par les piedz il est prins:
Tel cuyde vaincre, & puis crier mont ioye,
Qui au combat le premier est surprins.
Maint cueur volage à souuent entreprins,
D'auoir pour rien, querelles & debatz,
Et demander, ou presenter combatz,
Comme trop fol, & plus que temeraire,
Qui à grand' honte ha esté mys au bas,
Quand pensoit estre au dessus de l'affaire.

L'homme discret, n'entreprend l'impossible.

VN gros canon chargé de peu de pouldre,
Ne peult pousser le boulet si auant.
Moulin à voyle oncques ne veistes mouldre,
Si d'vn soufflet on luy baille le vent.
Cestuy propos te monstre & faict sçauant,
Qu'en toute chose il fault proportion.
Nature faict tout par discretion,
Comme Maistresse, & Mere d'artifice:
L'homme rassis ayant instruction,
Chose impossible, oncques ne meit en lice.

Vn bon Prelat doibt monstrer bon exemple.

T'Out bon Prelat doibt mõstrer la lumiere,
Sur le hault lieu, affin que tous la voyent:
S'ilz ne le font, ne suyuent la maniere,
De tout bon droict, ains de raison foruoyent,
Quãd les pl°grãdz du droict chemin defuoyét,
A leurs subiectz donnent occasion
De faire mal, & pour l'abusion,
Seront puniz au respect de leur reng,
Et tomberont en grand' confusion:
Car des Subiectz Dieu requerra le sang.

De tous les cas fault prendre le meilleur.

EN maint Poëte on treuue mainte fable,
Ayant en foy merueilleuse doctrine,
Prenons en donc le bon & profitable,
Et le mauuais iectons le comme indigne.
Poëtes ont vne fureur diuine,
Leur Eloquence est en tous lieux famee:
Si leur licence est vn peu diffamee,
Pas n'en debuons pourtant estre faschez:
Car soubz la fueille en vigne fort ramee,
Les doulx rayfins en leur temps font cachez.

La Foy de Femme est de peu de duree.

SI tost se perd(en amours)foy de Femme,
Comme l'Anguille eschappe de la main.
Qui plus s'y fonde entre plus fort en flamme:
Car sa cautelle excede esprit humain.
Maint bon autheur, Hebreu, Grec & Romain,
En ha descript exemples memorables,
Nous recitant, que plusieurs gens notables,
Se sont perduz, en si meschantz pourchas.
Les femmes sont en caquet tant affables,
Qu'elles nous font prendre souriz pour chatz.

G

Au Vertueux Enuie ne peult nuyre,

SI le Soleil luyt au droict de ta teste,
Ton corps rédra nulle ou bié petite vmbre:
Si par enuie aduient, qu'on te tempeste,
Ta grand' vertu te gardera d'encombre.
Vertu reluict à raidz qui sont sans nombre,
Anichilant l'obscurité d'enuie.
Maulgré Fortune, aura tousiours en vie
Cueur vertueux, honneur, loz, & support:
Et quand viendra, que du monde desuie,
Sera viuant en gloire apres sa mort.

Ce qu'on a dict, ne peult estre à redire.

Lors que l'Oyseau s'enuole de ta main,
Bien difficile en est la recouurance:
Lors qu'on profere vne parolle en vain,
Il n'est pas temps d'en auoir repentance.
Lon cognoistra d'vn homme l'inconstance
Par vn seul mot, ou bien simple parolle:
Ce que l'vn dict, bien tost à l'aultre vole,
Souuent en vient grand reproche & danger.
L'homme discret pour bien iouer son rolle,
Se gardera de parler de leger.

Poure enrichy deuient fort orgueil-
leux.

Q Vand Bucephal se cognoissoit bardé,
Si fier estoit, que plus ne pouuoit estre;
Pour lors aucun ne se fust hazardé
Le cheuaucher, reserué son seul maistre.
Par ce pourtraict est donné à cognoistre,
Que Gens extraictz de quelque rasse infime,
Si paruenir peuuent à grosse estime,
Si fiers se font, qu'on ne les peult tenir.
Quand poureté monte en honneur sublime,
Lon ne la peult à peine retenir.

Crainčte & amour font viure en grand honneur.

PRince qui veult, que sa vertu fleuronne,
  Et que son bruyt soit en tous lieux famé:
Pour asseurer son sceptre & sa couronne,
Fault que des siens il soit crainčt & aymé.
Par ce moyen sera bien reclamé,
Et des Subiečtz honnoré nuičt & iour.
Le Lieure crainčt, le Chien à grand' amour.
Deux ennemys, ferme paix entretiennent,
Crainčte & Amour tiennent Roys en seiour.
Lieures & Chiens les couronnes souſtiennent.

Femme ne prendz pour beaulté ny richeſſe.

BEnde doibt eſtre homme qui ſe marie:
Car q préd féme au ſouhaict de ſes yeulx,
Pour la beauté de ſon ſens, trop varie,
Dont à la fin eſt melancolieux:
Les poings liez doibt auoir pour le mieulx:
Car ne la doibt prendre pour ſon douaire.
L'homme eſt bien fol, & plus que temeraire,
Qui par les mains, ou les yeulx prédra femme,
Prendre on la doibt par l'oreille à bien faire,
C'eſt par bon bruyt, par bon renom & fame.

L'homme indigent, amy n'a quel qu'il soit.

PVces & poulx, les corps mortz abādonnét,
Comme priuez de viure & de substance.
Semblablement les Flatteurs ne s'addonnent,
Fors qu'a ceulx là qui remplissent leur pance:
Tandis qu'auras biens, honneur, ou cheuance,
Mille Flatteurs auras en ta maison:
Mais s'il aduient, que change la saison,
Ou par malheur, poureté te tempeste,
Ilz s'enfuyront de toy comme poyson,
En te laissant tout seul comme vne beste.

G 4

Si tu requiers à Dieu ayde, ayde toy.

PAr vn chemin trop fafcheux & eftrange,
Si d'aduenture aduient, que lourdement
Ton Mulet tombe au millieu de la fange,
Dont il ne peult fortir facilement,
Que feras tu? vers Dieu premierement
T'adrefferas, implorant fon fecours:
Mais ce pendant, qu'a luy as ton recours,
Metz y la main, auant qu'arrefter plus:
Car fi premier toy mefmes te fecours,
Par luy feras fecouru du furplus.

Difficile eſt de dompter vne femme.

Plus toſt pourras arreſter le Daulphin,
Que refrener Femme de cueur volage.
Combien que ſoit l'homme ſubtil & fin,
Eſprit de femme eſt ruſé d'aduantage.
Femme ne veult eſtre tenue en cage,
Touſiours pretend à vſurper franchiſe:
Quand le mary la cuyde auoir ſubmiſe
A ſon vouloir, penſant en eſtre maiſtre,
En luy donnant du vent de la chemiſe,
L'aura ſoubdain bridé de ſon cheueſtre.

Soyons constans en toute aduer-
sité.

TAnt plus des piedz le Saffran est foulé,
  Plus il florist, & croist abondamment.
Cueur vertueux tant plus est affolé,
Et plus resiste à tout encombrement.
Vertu se preuue en mal plus qu'autrement,
Elle florist en temps d'aduersité:
Si par malheur elle ha perplexité,
Lors elle faict plus forte resistance.
Tant plus l'homme est en douleur concité,
Plus ha besoing du pauoys de constance.

EMBLEME XCVIII.

Le bon ſçauoir ſe treuue en le cher-
chant.

Qvi veult apprendre à dur entendement,
De deſeſpoir ne ſe voyſe faſchant:
Mais voye l'Ourſe, & regarde comment,
A ſes Faons donne forme en leſchant.
Tout bon ſçauoir ſe treuue en le cherchant,
Par artifice on ha ciuilité:
L'eſprit humain par imbecilité,
De ſa naiſſance eſt mal inſtruict & rude:
Mais lon polit telle brutalité,
En luy baillant doctrine par eſtude.

Tel cuyde estre à repos, à qui vient grand affaire.

Q Vād Hercules, apres plusieurs cõqueſtes,
Cuydoit auoir repos de ſes labeurs,
Hydra ſuruint auecques ſes ſept teſtes:
Renouuelant les trauaulx & malheurs.
Quand par vertu auons acquis honneurs,
Penſant auoir touſiours paix aſſouuie,
Quelque meſchant ſuruiendra par enuie,
Pour nous donner plus que deuant affaire:
Tel trauail n'eut Hercules en ſa vie,
Ne tel danger, que pour Hydra deffaire.

Gens paresseux iamais ne seront riches.

EN ce pourtraict on peult veoir Diligence,
Tenant en main le Cornet de copie.
Elle triumphe en grand' magnificence:
Car de Paresse onc ne fut assoupie:
Dessoubz ses piedz tient Famine accroupie,
Et attachee en grand' captiuité:
Puis les Formis par leur hastiueté,
Diligemment tirent le tout ensemble:
Pour demonstrer, qu'auec Oysiueté,
Impossible est, que grandz biens lon assemble.

QVOD TIBI FIERI
NON VIS, ALTERI
NE FECERIS.

www.ingramcontent.com/pod-product-compliance
Lightning Source LLC
Chambersburg PA
CBHW071107260626
47162CB00006B/2239